AF438265

H. DE LARÈGLE

LE PROGRAMME

DE

MGR LE COMTE DE CHAMBORD

(Extrait de la REVUE CATHOLIQUE ET ROYALISTE)

LA CHAPELLE-MONTLIGEON

IMPRIMERIE-LIBRAIRIE DE NOTRE-DAME DE MONTLIGEON

1902

LE PROGRAMME DE MGR LE COMTE DE CHAMBORD

(D'APRÈS SA CORRESPONDANCE)

La politique de Mgr le Comte de Chambord n'a jamais été étudiée d'une façon complète et définitive. Beaucoup s'imaginent que le petit-fils de Charles X se tenait à l'écart du mouvement social, rêvant la restauration d'une monarchie de droit divin, absolue et despotique, décidé à gouverner sans se préoccuper des évolutions qui se sont succédé au cours du siècle dernier.

Pour étudier l'œuvre de ce Prince, peu de documents sont à notre disposition. Tandis que Mgr le Comte de Paris exposait dans des ouvrages remarquables ses théories sociales et ses doctrines politiques, le Comte de Chambord n'a laissé que des lettres particulières et quelques manifestes. Il est facile cependant de recueillir dans cette correspondance les principaux traits de la physionomie intellectuelle et morale du Prince. Une étude impartiale, dont nous ne pouvons qu'indiquer ici les éléments principaux, montrerait que l'exilé de Frosdorff avait compris les besoins de son époque, qu'il avait étudié les questions sociales les plus importantes et qu'il demeurait convaincu que « son premier devoir était de rechercher comment la « monarchie nationale pourrait résoudre les grands problèmes que « soulève l'état démocratique de notre société ».

*
* *

Nos adversaires prétendent que nous voyons dans le droit monarchique une sorte de mainmise exercée sur la France par une famille qui aurait reçu une délégation du droit divin, en dehors de tout consentement, exprimé ou tacite, de la nation. Le roi, d'après cette doctrine, puiserait directement son autorité dans la volonté divine, imposant à ce pays le gouvernement de la famille capétienne.

Mgr le Comte de Chambord a détruit ce préjugé par les déclarations les plus formelles. A la théorie de la monarchie *de droit divin*, il oppose sans cesse celle de la monarchie *de droit national*.

Certes, le Prince croyait comme tout catholique que le pouvoir est une émanation de la toute-puissance de Dieu, mais il ne s'est jamais imaginé que Dieu lui-même est intervenu pour déterminer à chaque peuple la forme de ce pouvoir et régler les institutions particulières qui doivent régir les nations.

« Il n'y a qu'une chose divine au monde, disait Berryer le 16 janvier 1851 à la tribune de l'Assemblée nationale, il n'y a qu'une loi divine, c'est la vie de l'homme en société. Mais la forme sous laquelle telle ou telle société se conduit, cette forme est une institution humaine. »

Le 25 janvier suivant, Mgr le Comte de Chambord répondait au grand orateur royaliste : « Que je suis donc heureux que vous ayez si bien exprimé des sentiments qui sont les miens. »

En 1844, le Prince écrivait déjà : « Je regarde les droits que je tiens de ma naissance comme appartenant à la France. »

La France, c'est-à-dire la nation, a le droit de choisir la forme de son gouvernement. Le peuple a désigné librement une famille à laquelle il a donné mission de défendre ses intérêts. Le roi n'est autre chose que le mandataire de son peuple en vertu d'un *contrat synallagmatique*, dans lequel sont définis les droits et les devoirs de chacun des contractants.

Le souverain et la nation, écrivait un royaliste, ce sont les deux branches de la fleur de lis, c'est la France. M. le Comte de Mayol de Lupé exprimait la même pensée quand il disait éloquemment : « La monarchie, c'est la France tout entière qui porte la couronne. »

Le manifeste du 25 octobre 1852 commençait par cette phrase significative : « La monarchie en France, c'est la maison royale indissolublement liée à la nation. Mes pères et les vôtres ont traversé les siècles, travaillant de concert, selon les mœurs et les besoins du temps, au développement de notre belle patrie. »

Cette conception du droit monarchique n'a pas varié au cours de notre histoire. Le droit national a été affirmé par les orateurs des États généraux et des États provinciaux à chacune de leurs sessions. Enseigné par Bossuet au fils de Louis XIV, par Fénelon au duc de Bourgogne, par Massillon à Louis XV, nous en trouvons encore la manifestation dans la cérémonie du sacre. L'archevêque de Reims, faisant fonction de témoin, renouvelait le contrat primitif passé entre la royauté et la nation. « Sire, disait ce prélat à Charles X le jour de son sacre, ce n'est pas l'onction que je répands sur vous qui vous confère aucun droit à la couronne, ce droit vous le tenez de vos ancêtres et des Assemblées nationales. »

Respectueux de cette tradition, Mgr le Comte de Chambord ne réclamait pas une couronne qu'il ne considérait pas comme sa propriété exclusive ; il attendait avec dignité sur la terre d'exil que la France manifestât sa volonté. A chacune des périodes révolutionnaires qui venaient secouer douloureusement le pays et ébranler les bases de l'édifice social, le Prince affirmait sa volonté de coopérer *d'accord avec le peuple* à la grande cause de la restauration nationale.

« Si la France, écrivait-il en 1848, lasse enfin des expériences qui n'aboutissent qu'à la tenir constamment suspendue sur un abîme, tourne vers moi ses regards et prononce elle-même mon nom comme un gage de sécurité et de salut, comme la garantie véritable des droits et de la liberté de tous, qu'elle se souvienne alors que mon bras, que mon cœur, que ma vie, que tout est à elle et qu'elle peut toujours compter sur moi. »

Nous avons déjà cité les premières lignes du manifeste de 1852 ; celui du 9 octobre 1870 débute ainsi : « Français, vous êtes de nouveau maîtres de vos destinées. Pénétré des besoins de mon temps, toute mon ambition est de fonder avec vous un gouvernement vraiment national, ayant le droit pour base, l'honnêteté pour moyen, la grandeur morale pour but ».

Mgr le Comte de Chambord veut le concours de la nation pour tout et partout. Il le veut pour rentrer, il le veut pour s'établir et pour gouverner. Le pays ne saurait être un ennemi qu'on endort, un niais qu'on dupe, ou un compère qu'on débauche ; il doit être un collaborateur assidu et fidèle de l'autorité. Un gouvernement ne doit procéder ni de l'octroi royal, ni d'un pacte imposé par quelques-uns, ni de la confuse souveraineté du nombre. A côté du roi, continuant le principe national de l'hérédité, le peuple, par l'organe de ses représentants directs, règle toute question de concert avec lui.

*
* *

Dans la théorie monarchique, telle qu'elle est formulée par Mgr le Comte de Chambord, le roi est le représentant de la nation et par conséquent du peuple tout entier. Il a mission de défendre les intérêts de tous sans distinguer entre les différentes classes sociales. Les obligations qu'il a consenties, vis-à-vis de la nation, l'astreignent à représenter aussi bien les petits que les grands, les pauvres que les riches. Et cependant nos adversaires n'ont-ils pas fait croire au peuple que la restauration de la monarchie sera l'avènement au pouvoir de l'aristocratie ? Seuls, disent-ils, ceux qui portent un nom fameux dans l'histoire de France auront droit aux faveurs et aux charges sans que le pouvoir royal s'inquiète de savoir s'ils sont dignes des titres transmis par leurs ancêtres.

Mgr le Comte de Chambord s'est élevé à maintes reprises contre cette légende. « Je l'ai dit et je le répète, écrivait-il, *je ne veux pas « être le roi d'une classe ou d'un parti, mais le roi de tous.* » Il revenait encore sur cette idée dans une lettre à Berryer de janvier 1849 : « Mon règne ne saurait être ni la ressource, ni l'œuvre d'une intrigue, « ni la domination exclusive d'un parti. »

Un républicain ne saurait tenir un semblable langage. En effet le régime républicain reste nécessairement la propriété d'un parti politique et les élus ne représentent que la fraction de l'opinion qui les a portés au pouvoir. Au contraire, c'est la force du pouvoir monarchique de ne rien devoir aux combinaisons électorales. Le souverain, puisant sa force dans la tradition et dans le contrat qui le lie à la nation, est véritablement le roi de la France tout entière. *Il a des obligations vis-à-vis de la France, il n'en a pas vis-a-vis de tel ou de tel parti politique.*

A ceux qui prétendaient qu'une monarchie serait le triomphe de l'aristocratie, Mgr le Comte de Chambord répondait : « Le mérite et les services seront les seules distinctions à mes yeux. » Le Prince voulait s'entourer de toutes les intelligences, faire appel au concours de tous. C'est la préoccupation constante qui se dégage de toute sa correspondance. Comme il le disait au duc de Noailles, les longues années de son exil ont été employées à étudier les hommes et les choses, et il comprenait les conditions nouvelles que le temps et les événements ont imposées à la société actuelle.

Mgr le Comte de Chambord développait également cette pensée en 1850 dans une lettre dont nous reproduisons les passages les plus importants, parce qu'elle est de nature à dissiper les préventions de beaucoup de Français contre le régime que nous défendons :

« Je me suis constamment efforcé de prouver par mes paroles comme
« par ma conduite que, si la Providence m'appelle à régner un jour,
« je ne serai pas le roi d'une seule classe, mais le roi ou plutôt le père
« de tous. Partout et toujours je me suis montré accessible à tous les
« Français, sans distinction de classes et de conditions. Je les ai tous
« vus, tous écoutés, tous admis à se presser autour de moi. Comment
« après cela pourrait-on encore me soupçonner de ne vouloir être que
« le roi d'une caste privilégiée, ou, pour employer les termes dont on
« se sert, le roi de l'ancien régime, de l'ancienne noblesse, de l'ancienne
« Cour ? J'ai toujours cru que désormais la Cour ne peut plus être ce
« qu'elle était autrefois. J'ai toujours cru également qu'il faut que
« toutes les classes de la nation s'unissent pour travailler de concert
« au salut commun, y contribuant, les unes par leur expérience des
« affaires, les autres par l'utile influence qu'elles doivent à leur posi-
« tion sociale. Toujours aussi j'ai eu l'intime conviction qu'il n'y a que
« la monarchie restaurée sur la base du droit héréditaire et tradition-
« nel qui, répondant à tous les besoins de la société telle que l'ont faite
« les événements accomplis depuis plus d'un demi-siècle, puisse conci-
« lier tous les intérêts, sauvegarder tous les droits acquis et mettre la
« France en pleine et irrévocable possession de toutes les sages liber-
« tés qui lui sont nécessaires. J'apprécie tous les services qui ont été
« rendus à la patrie, je tiens compte de tout ce qui a été fait à diffé-
« rentes époques pour la préserver des maux extrêmes dont elle était

« et dont elle est encore menacée. J'appelle tous les dévoûments, tous
« les esprits éclairés, toutes les âmes généreuses, tous les cœurs droits,
« dans quelque rang qu'ils se trouvent et sous quelque drapeau qu'ils
« aient combattu jusqu'ici, à me prêter l'appui de leurs lumières, de
« leur bonne volonté, de leurs nobles et unanimes efforts pour sauver
« le pays, assurer son avenir, et lui préparer après tant d'épreuves, de
« vicissitudes et de malheurs, de nouveaux jours de gloire et de pros-
« périté. »

Il est impossible d'exprimer avec plus de force cette belle conception de la monarchie, se tenant au-dessus des intrigues et des partis,
appelant tous les Français, amis ou adversaires d'hier, à coopérer à
l'œuvre commune et, au lieu d'être la chose d'une coterie politique,
personnifiant la France avec toutes ses forces et toutes ses énergies.

* *

Mgr le Comte de Chambord voulait être le représentant de tous les
Français, mais il se préoccupait surtout de défendre les intérêts de ceux
qui ont le plus besoin d'être protégés.

Souvent le Prince demandait à ses amis de secourir en son nom les
infortunes les plus intéressantes, de remettre aux pauvres des sommes
considérables pour être distribuées « sans autre considération que celle
« des besoins et de la position plus ou moins malheureuse de chacun ».
Toutes les fois qu'une catastrophe se produisait dans une région, il
faisait parvenir aux victimes de généreuses offrandes et demandait aux
royalistes de suivre son exemple : « Assister les Français qui souffrent,
« c'est me servir. La charité de nos amis autant que leur fidélité et leur
« dévoûment me portera bonheur. »

Il priait, en 1846, le marquis de Pastoret d'établir à Chambord et
dans les forêts voisines des ateliers de charité pour donner aux habi-
tants de la contrée un travail assuré pendant l'hiver et leur fournir les
moyens de pourvoir à leurs besoins et à ceux de leurs familles.

C'est par des secours distribués aux classes indigentes que Mgr le
Comte de Chambord voulait marquer la date de son mariage. A cette
époque, des souscriptions avaient été ouvertes pour offrir des présents
au Prince et à la Princesse. « Je désire, écrivait le royal proscrit, que
« mes amis sachent que, dans les circonstances actuelles, il ne m'est pas
« possible d'accepter leurs dons. En présence des maux de la patrie et
« de tant d'infortunes à soulager, comment pourrai-je voir avec plai-
« sir mes amis faire des dépenses pour moi ? Qu'ils réservent donc
« pour des emplois plus utiles toutes les ressources dont ils peuvent
« disposer. Le bien qu'ils feront en France en mon nom sera la meil-
« leure preuve qu'ils puissent me donner de leur affection, celle dont
« je leur saurai toujours le plus de gré. »

Mais il n'est pas suffisant de secourir les infortunes, il est plus nécessaire encore de s'efforcer d'améliorer la condition des travailleurs. Les questions sociales étaient l'objet de la constante sollicitude de Mgr le Comte de Chambord. Plusieurs des réformes dont il se déclarait partisan et qui pour la plupart n'ont pas encore été réalisées par le gouvernement républicain, ont dû paraître, il y a cinquante ans, singulièrement audacieuses. Nous retrouvons dans sa correspondance des conceptions que nos hommes politiques se sont contentés de reprendre et de développer pour leur propre compte. Les républicains de 1900 ne font que reproduire dans leur programme les idées émises en 1845 par l'héritier du trône de France.

Celui-ci voulait voir les royalistes à la tête du mouvement social; il leur demandait de prendre en main la cause des malheureux et de chercher tous les moyens de leur venir en aide sans les flatter cependant d'espérances trompeuses.

Le Prince disait aux riches et aux puissants que « les droits ne peu- « vent naître que de l'accomplissement des devoirs », rappelant ainsi que certaines situations sociales créent des obligations auxquelles on ne peut se soustraire.

« Pour moi, écrivait-il le 11 octobre 1844, je regarde comme un « devoir d'étudier dès à présent tout ce qui se rattache à l'organisation « du travail. Quels que soient les desseins de la Providence sur moi, « je n'oublierai jamais que le grand roi Henri IV, mon aïeul, a laissé à « tous ses descendants l'exemple et le devoir d'aimer le peuple. C'est « là un héritage qui ne saurait m'être enlevé. »

Dans une lettre de 1847, à la vieille des journées révolutionnaires qui, l'année suivante, devaient ensanglanter Paris, il ajoutait que c'est aux royalistes « à se montrer partout et toujours les plus empressés « comme les plus habiles à faire le bien et à prouver ainsi à la France « et principalement aux classes laborieuses de quel côté sont leurs « vrais amis et les défenseurs constants de tous leurs intérêts ».

Parmi les témoignages de fidélité que Mgr le Comte de Chambord recevait sur la terre d'exil, il était particulièrement sensible à ceux que lui faisaient parvenir des délégations d'ouvriers et d'hommes du peuple. C'est ainsi qu'il remerciait en termes touchants les dames de la Halle des fleurs que celles-ci lui avaient envoyées et il répondait à une députation des ouvriers de tous les états de Paris : « En parcourant les listes nombreuses qui m'ont été apportées, j'ai été « *heureux et fier* de compter tant d'amis dans les classes laborieuses. « Étudiant sans cesse les moyens de vous être utile, je connais vos « besoins, vos souffrances et mon regret le plus grand est que mon « éloignement de la patrie me prive du bonheur de vous venir en « aide. Mais un jour viendra, c'est mon espoir le plus cher, où il me « sera donné de servir la France, et de mériter son amour et sa con- « fiance. »

⁎

Il ne pouvait convenir à Mgr le Comte de Chambord de déplorer la situation faite aux travailleurs sans essayer de l'améliorer par des réformes pratiques. Nous venons de dire que le Prince a tenu à se prononcer sur quelques-uns des problèmes les plus importants que soulève notre organisation sociale, à indiquer les moyens d'assurer au peuple les libertés nécessaires et les garanties qu'il est en droit d'exiger.

Il préconise dans plusieurs de ses lettres la *décentralisation administrative*. C'est en 1849 qu'il commençait à s'occuper de cette question. Il chargeait alors les hommes compétents de lui adresser des rapports sur ce sujet et leur demandait de rechercher les mesures pratiques qu'il conviendrait de prendre pour réaliser cette réforme.

Dans la pensée du Prince, à côté d'un gouvernement centralisateur il faut placer une administration décentralisée. « Les convictions à cet « égard, écrivait-il à M. Béchard, député, sont arrivées à ce point de « maturité que les esprits qui, d'abord, y étaient le plus opposés, recon- « naissent aujourd'hui la nécessité de modifications dans lesquelles la « centralisation du pouvoir qu'il serait dangereux d'affaiblir trouve- « rait elle-même de précieux avantages. »

Mais la décentralisation doit entrer dans les mœurs avant d'être l'objet de mesures législatives, et Mgr le Comte de Chambord demandait à ses amis de redoubler d'efforts pour éclairer l'opinion et ouvrir la voie aux solutions favorables.

Dans une lettre du 14 novembre 1862, le Prince énumérait les différents avantages de la décentralisation.

L'administration deviendra plus expéditive, plus simple, moins dispendieuse, plus équitable, parce qu'elle restera étrangère aux combinaisons politiques.

En rendant aux provinces les libertés locales qui ont été supprimées par la Révolution, on arriverait à « multiplier et mettre à la portée de « chacun les occasions d'être utile en se consacrant selon ses facultés à « l'administration des intérêts communs, à faire que les rangs dans la « société soient distribués suivant les capacités et les mérites, à entre- « tenir par un concours incessant l'émulation du dévouement, de l'in- « telligence et de l'activité dans les *carrières constamment ouvertes à* « *tous*, à ce que les distinctions se perpétuent avec les services rendus ».

Il convient de remarquer que le Prince revient ici sur une idée que nous avons déjà signalée au cours de cette étude. Pour lui les distinctions sociales ne doivent être faites que d'après les capacités et les mérites, et l'avancement dans les carrières constamment ouvertes à tous les citoyens ne peut être obtenu que par l'intelligence et l'activité. Ces quelques lignes ne détruisent-elles pas complètement les calomnies les plus perfides et les légendes les plus absurdes ?

Au point de vue politique, Mgr le Comte de Chambord soutenait que la décentralisation est indispensable au régime représentatif Les

assemblées politiques actuelles, nées du hasard et de l'arbitraire, ne sont pas la véritable représentation de la France ; au contraire, grâce à cette réforme, elles pourront efficacement exercer un *pouvoir de contrôle*, l'action gouvernementale demeurant le rôle du pouvoir exécutif. « En appelant tous les Français à s'occuper plus ou moins directe-
« ment de leurs intérêts dans leurs communes, leurs cantons et leurs
« départements, on verra bientôt se former un personnel nombreux,
« qui, à l'indépendance et à l'intégrité, joindra l'expérience pratique
« des affaires. Alors les assemblées politiques, sorties pour ainsi dire
« des entrailles mêmes de la nation, aideront le gouvernement à rem-
« plir sa haute mission en lui apportant avec leur utile concours un
« contrôle aussi intelligent que dévoué, qui sera une force de plus
« sans pouvoir jamais être un obstacle ou un péril. »

Cette lettre, dans laquelle la question de la décentralisation est traitée d'une façon remarquable, contient donc tout un programme politique qui demeure la véritable solution aux difficultés actuelles, et qui seul peut mettre fin aux agitations et aux crises qui depuis plus d'un demi-siècle épuisent notre pays en paralysant son activité.

*
* *

En préconisant une large décentralisation administrative, Mgr le Comte de Chambord devait se préoccuper *de la liberté d'association*. En effet, cette liberté est à la base de toutes les réformes, et la décentralisation n'est possible qu'en supposant une législation donnant à tous les citoyens le droit de s'associer librement.

Le prince a traité cette question dans de nombreuses lettres, mais toutes ses idées sur ce sujet sont résumées dans la lettre du 20 avril 1865 sur la condition des ouvriers. Ce manifeste est l'un des plus importants documents politiques de Mgr le Comte de Chambord.

Après un exposé historique, le Prince y signalait l'organisation défectueuse de la société actuelle et indiquait le remède à cet état de choses en montrant les avantages de la liberté d'association.

Il rappelait ce que la royauté a fait pour les classes ouvrières. Les établissements de saint Louis, le règlement des métiers, le système des corporations, sont les preuves manifestes de la sollicitude du pouvoir royal pour les travailleurs. De la sorte, « l'industrie française a grandi
« et elle est parvenue à un degré de prospérité et de juste renommée
« qui, en 1789, ne l'a laissée inférieure à aucune autre ».

Le Prince ne voulait pas cependant rétablir les corporations de l'ancien régime, reconnaissant qu'avec le temps les institutions ont dégénéré et que des abus s'y sont introduits.

Mgr le Comte de Chambord exposait ensuite les vues généreuses de Louis XVI qui échouèrent par la faute des économistes ; il montrait l'Assemblée constituante prohibant jusqu'au droit de réunion et détruisant la liberté d'association. Cette liberté existait sous la royauté, elle a été supprimée par la Révolution.

« Condamné à être seul, la loi frappe l'ouvrier s'il veut s'entendre
« avec ses compagnons, s'il veut former pour se défendre, pour se
« protéger, pour se faire représenter, une de ces unions qui sont de
« droit naturel, que commande la force des choses et que la société
« devrait encourager en les réglant. »

Quelques années plus tard, Mgr le Comte de Paris définissait la liberté d'association en termes identiques.

« L'individu, continuait Mgr le Comte de Chambord, demeuré sans
« bouclier pour se protéger, a été de plus livré à une concurrence
« sans limites contre laquelle il n'a eu d'autres ressources que la coa-
« lition et les grèves. » Le Prince ne s'élevait pas *a priori* contre le droit de grève, mais il faisait remarquer « qu'on a négligé d'ajouter à « ce droit ce qui aurait servi à en éclaircir la pratique ».

Grâce à l'initiative privée, des sociétés de secours mutuels, des caisses de secours, des caisses d'épargne, des caisses de retraite, se sont fondées, cependant les intérêts matériels et moraux des classes ouvrières sont encore grandement en péril.

Pour remédier à cet état de choses, le Prince proposait « d'opposer
« à l'individualisme l'association, à la concurrence effrénée le contre-
poids de la défense commune, au privilège industriel la constitution
« volontaire et réglée des corporations libres. Il faut rendre aux
« ouvriers le droit de se concerter, en conciliant ce droit avec les
« impérieuses nécessités de la paix publique, la concorde entre les
« citoyens et le respect des droits de tous. Le seul moyen d'y parvenir
« est la liberté d'association ».

« Ce qui est démontré, disait encore Mgr le Comte de Chambord,
« c'est la nécessité d'associations volontaires et libres des ouvriers
« pour la défense de leurs intérêts communs. Dès lors, il est naturel
« que dans ces associations il se forme, sous un nom quelconque, des
« *syndicats*, des délégations, des représentations qui puissent entrer
« en relations avec les patrons ou syndicats de patrons pour régler à
« l'amiable les différends relatifs aux conditions du travail et notam-
« ment aux salaires. »

En 1865, alors que la question était à peine posée, Mgr le Comte de Chambord se déclarait donc partisan des syndicats. C'est seulement vingt ans plus tard que le gouvernement de la République accomplira une partie de cette réforme, sans avoir toutefois le courage de donner aux syndicats la liberté qui leur est nécessaire.

Le Prince assignait aux syndicats un rôle économique : la réglementation du contrat de travail. Patrons et ouvriers se réunissent, et par l'organe de leurs représentants jugent les réclamations individuelles et les griefs collectifs. Au lieu de donner à l'État la tâche de fixer le taux des salaires, comme le réclament aujourd'hui certains socialistes, sans s'apercevoir du danger social et de l'impossibilité matérielle de cette réforme, Mgr le Comte de Chambord réservait ce rôle aux intéressés eux-mêmes. Il demandait également que des commissions mixtes de patrons et d'ouvriers puissent s'employer non seulement à vider les différends existants, mais encore à prévenir les conflits, préconisant ainsi l'institution des commissions mixtes d'arbitrage ; l'État, dans la pensée du Prince, n'intervenant que par un arbitrage facultatif « amiablement et à la demande des deux parties ».

Les associations seront libres, mais elles devront cependant se soumettre à certaines formalités administratives. Les réunions devront être précédées d'une déclaration, l'autorité pourra, si elle le juge à propos, s'y faire représenter. Les règlements devront être communiqués, et le pouvoir aura soin que jamais le but de ces réunions ne soit ni méconnu ni dépassé, de telle sorte que la politique ne puisse entrer dans les associations et les détourner de leur véritable objet.

Telles étaient les seules restrictions que Mgr le Comte de Chambord apportait à la liberté d'association ; on conviendra qu'il est difficile de se montrer plus libéral.

Grâce à la liberté d'association, le Prince pouvait réaliser l'une des plus importantes réformes de son programme politique : la *représentation des droits et des intérêts*.

« La constitution volontaire et réglée des corporations libres de-
« viendra un des éléments les plus puissants de l'ordre et de l'harmonie
« sociale. Ces corporations pourront entrer dans l'organisation de la
« commune et dans les bases de l'électorat et du suffrage. »

Déjà en 1855 il écrivait que « les associations constitueront de plus
« en plus des intérêts collectifs sérieux qui auront naturellement
« droit à être représentés et entendus pour pouvoir être efficacement
« protégés ».

Enfin, la lettre sur la condition des ouvriers se terminait par cette phrase : « En présence des difficultés actuelles, ne semble-t-il pas que,
« fidèle à toutes les traditions de son glorieux passé, la royauté vrai-
« ment française et chrétienne doive faire aujourd'hui pour l'émanci-
« pation et la postérité matérielle et morale des classes ouvrières ce
« qu'elle a fait en d'autres temps pour l'affranchissement des com-
« munes ? N'est-ce pas à elle qu'il appartient d'appeler le peuple du
« travail à jouir de la liberté et de la paix sans la garantie nécessaire
« de l'autorité, sous la tutelle spontanée du dévouement et sous les
« auspices de la charité chrétienne ? »

En résumé, Mgr le Comte de Chambord voulait la liberté complète de toutes les associations ; il ne distinguait pas entre elles, favorisant les unes et prohibant les autres. Il donnait aux syndicats toutes les libertés nécessaires à leur existence et à leur prospérité, il n'admettait aucune entrave à leur libre exercice, ne les assujettissant qu'aux formalités indispensables à l'ordre public.

La liberté d'association lui permettait de réaliser de nombreuses réformes : dans l'ordre économique : la réglementation du contrat de travail, l'arbitrage et la réglementation du taux des salaires ; dans l'ordre politique : la décentralisation et la représentation des intérêts.

Il n'est pas inutile de faire remarquer que ce manifeste était écrit en 1865, et qu'au début du xxᵉ siècle, après trente années de République, aucune de ces réformes n'ont été obtenues.

*
* *

Mᵍʳ le Comte de Chambord ne s'occupait pas seulement des questions ouvrières, il étudiait encore avec soin tout ce qui pouvait améliorer la condition des agriculteurs. « C'est avec un bien grand plaisir, « écrivait-il au comte de Turenne, que j'ai appris tous les efforts qui « se sont faits pour hâter les progrès de la culture en France. Je ne « cesserai de recommander à tous ceux qui sont restés fidèles à notre « cause d'habiter le plus possible leurs terres et de donner l'exemple « de toutes les améliorations utiles. »

Le Prince voulait rendre au sol national la part d'influence qui lui appartient, il déplorait que ceux qui le possèdent n'aient pas une place suffisante dans l'administration et la conduite des affaires du pays.

En 1846, il préconisait la fondation de banques agricoles, visitait les établissements de ce genre existant en Allemagne : « Ces établisse« ments, disait-il, contribueraient puissamment à dégrever la propriété « foncière de cette masse énorme de créances hypothécaires qui pèse « sur elle et nuit aux progrès de l'agriculture, ils permettraient de « fournir à bon marché aux cultivateurs les capitaux qui leur sont « nécessaires et qu'ils ne peuvent se procurer aujourd'hui qu'à des « conditions ruineuses. »

Mᵍʳ le Comte de Chambord demandait encore au colonel d'Esclaibes de venir examiner avec lui l'état de la culture en Autriche. « M'inté« ressant autant par goût que par devoir à tout ce qui se rattache à « l'agriculture, cette source véritable de la richesse des nations et du « bien-être des classes laborieuses, ce sera un grand bonheur pour « moi de m'associer à des recherches qui doivent avoir quelque utilité « pour notre patrie, car ma plus grande consolation sur la terre étran« gère est de m'occuper de tout ce qui peut contribuer au bonheur, à « la gloire et à la prospérité de la France. »

*
* *

La question si délicate des rapports de l'Église et de l'État n'avait pas échappé à l'étude vigilante de Mgr le Comte de Chambord et il donnait à ce problème une solution conforme à la liberté et aux traditions séculaires de la France.

On a souvent prétendu que, s'il était monté sur le trône, le Prince aurait donné au clergé et aux congrégations une influence prépondérante, les laissant conduire à leur gré les affaires de l'État. Nos adversaires, obéissant au mot d'ordre des loges maçonniques, annonçaient avec la restauration monarchique le gouvernement le plus « clérical » qui ait jamais existé. Pour détruire cette calomnie, il suffit de parcourir les lettres que Mgr le Comte de Chambord a consacrées à cet important sujet.

Catholique convaincu et pratiquant sincère, il revendiquait énergiquement l'indépendance souveraine de l'État dans les choses temporelles, tout en accordant à l'Église une pleine liberté dans les choses spirituelles.

M. le marquis de Dreux-Brézé, dans son ouvrage *Notes et Souvenirs*, rapporte les démarches faites auprès de lui et du comte de Blacas par Mgr Czacky, représentant du Saint-Siège à Paris. Le Nonce demandait que Mgr le Comte de Chambord ordonnât aux royalistes de cesser toute opposition à la forme du gouvernement et de se grouper uniquement sur le terrain catholique ; il pria M. de Blacas de transmettre à Frosdorff les vues de Léon XIII dont il était l'interprète. Inutile d'ajouter que le Prince opposa une fin de non-recevoir absolue à cette première tentative de ralliement et fit répondre au Saint-Siège qu'il n'avait pas le droit de renier le principe dont il était le dépositaire.

Toute la politique religieuse du Prince est contenue dans une lettre du 29 mai 1857, dans laquelle il s'exprimait de la façon la plus nette et la plus catégorique.

« Nul doute, y disait-il, que je sois disposé à laisser à l'Église la
« liberté qui lui appartient, qui lui est nécessaire pour le gouverne-
« ment et l'administration des choses spirituelles, et à m'entendre
« constamment pour cela avec le Saint-Père ; mais, de leur côté, les
« *Évêques et les membres du clergé ne sauraient éviter avec trop de*
« *soin de mêler la politique à l'exercice de leur ministère* et à s'im-
« miscer dans les affaires qui sont du ressort de l'autorité temporelle,
« ce qui n'est pas moins contraire à la dignité et aux intérêts de la reli-
« gion qu'au bien de l'État. »

*_**

En même temps que Mgr le Comte de Chambord étudiait les questions politiques et sociales qu'il aurait eu à résoudre si la Providence l'avait appelé au trône, il suivait avec un intérêt passionné les événements qui ont agité notre malheureux pays depuis le jour où, enfant, il accompagnait sur la terre d'exil son grand-père, le roi Charles X, jusqu'à celui où il expirait dans sa résidence de Frosdorff, entouré du respect et de la vénération de tous. Pendant cette longue période de cinquante ans, que de bouleversements, de révolutions, de désordres et de ruines ! Toujours la France restait la constante préoccupation du Prince. Il ne s'inquiétait pas de savoir si les événements allaient être favorables à son parti : « Il n'y a pas, disait-il, de parti royaliste. » Le respect et l'amour de la France dominaient toute autre pensée dans cette âme royale, inaccessible aux vulgaires ressentiments.

Lorsque notre armée était engagée dans des guerres lointaines, il ne voyait que l'honneur de la France qui était en jeu ; il accompagnait de ses vœux les plus ardents nos soldats sur les champs de bataille, se réjouissant de leurs victoires qui ajoutaient une page glorieuse à celles que jadis ses ancêtres avaient écrites avec leur sang pendant les quatorze siècles de la monarchie nationale.

« Vous savez, écrivait-il au vicomte de Saint-Priest, avec quel vif « intérêt je suis les événements de Crimée et toutes les phases de « cette guerre où nos soldats déploient tant d'héroïsme. S'il a paru « quelque relation de cette campagne et les plans des batailles de « l'Alma et d'Inkermann, je vous prie de me les envoyer ; joignez-y « quelques détails sur les généraux qui s'y sont le plus distingués et « dont la conduite a été si remarquable. Quand pourrai-je connaître « moi-même ces hommes dont la brillante valeur soutient si digne- « ment dans cette lutte acharnée la gloire militaire de la France ? »

Aux victoires d'Italie, de Crimée et du Mexique allaient bientôt succéder les désastres de l'année terrible, et Mgr le Comte de Chambord laissait parler sa douleur dans des lettres émouvantes qui témoignent du patriotisme le plus pur et le plus désintéressé.

Déjà, au début de la guerre, il offrait son château de Chambord « pour « asile à nos soldats blessés en accomplissant le plus saint des devoirs ». Quelques jours après, la France était envahie et le Prince demandait aux royalistes d'oublier tout dissentiment, de mettre de côté toute arrière-pensée. « Avant tout, écrivait-il le jour du désastre de Sedan, il « faut repousser l'invasion, sauver à tout prix l'honneur de la France, « l'intégrité de son territoire. Nous devons au salut de notre pays toute « notre énergie, notre fortune, notre sang. » Et il terminait cette lettre par ce cri superbe d'abnégation patriotique : « La vraie mère préfé- « rerait abondonner son enfant plutôt que de le voir périr, et je dis « sans cesse : Mon Dieu, sauvez la France, dussé-je mourir sans la « revoir ! »

Mais les événements se précipitaient, l'armée allemande était parvenue jusque sous les murs de Paris, et le roi de Prusse établissait son quartier général dans le palais des rois de France. Mgr le Comte de Chambord, au milieu de nos deuils et de nos humiliations, adressait alors au monde tout entier une admirable protestation contre la ruine de la patrie.

Il est impossible de concevoir un langage plus noble et plus digne, et ce serait affaiblir la portée de cette page inoubliable que d'essayer de la commenter.

« Il m'est impossible de me contraindre plus longtemps au silence.

« J'espérais que la mort de tant de héros tombés sur le champ de
« bataille, que la résistance énergique d'une capitale résignée à tout
« pour maintenir l'ennemi en dehors de ses murs, épargnerait à mon
« pays de nouvelles épreuves. Mais le bombardement de Paris arrache
« à ma douleur un cri que je ne saurais contenir.

« Fils des rois chrétiens qui ont fait la France, je gémis de ses désas-
« tres. Condamné à ne pouvoir les racheter au prix de ma vie je prends
« à témoin les peuples et les rois, et je proteste, comme je le puis,
« contre la guerre la plus sanglante et la plus lamentable qui fut jamais.

« Qui parlera au monde si ce n'est moi, pour la ville de Clovis, de
« Clotilde et de Geneviève, pour la ville de Charlemagne et de saint
« Louis, de Philippe-Auguste et de Henri IV, pour la ville des
« sciences, des arts et de la civilisation ?

« Et puisque je ne puis rien de plus, ma voix s'élève de l'exil pour
« protester contre la ruine de ma patrie ; elle criera à la terre et au
« ciel, assuré de rencontrer la sympathie des hommes en attendant
« tout de la justice de Dieu. »

*
* *

Nous avons cherché dans cette étude incomplète à préciser la doctrine de Mgr le Comte de Chambord, nous nous sommes efforcé surtout de dégager de sa correspondance la conception qu'il se faisait des besoins de la société moderne et les réformes qui lui paraissaient plus nécessaires et plus urgentes. Pénétré beaucoup moins de ses droits que de ses devoirs envers la France, décidé à prendre la tête du mouvement économique, le Prince nous est apparu comme un esprit largement ouvert à tous les progrès et à toutes les conquêtes de la science sociale.

Si la France avait compris ses véritables intérêts en confiant à nouveau ses destinées à l'héritier de ses anciens rois, bien des secousses auraient été épargnées à notre malheureux pays. Mais la Providence nous réservait de nouvelles épreuves et, après un exil de plus d'un demi-siècle, Mgr le Comte de Chambord rendait le dernier soupir sur une terre étrangère, loin de la Patrie dont ses ancêtres avaient fait la grandeur et la puissance.

La monarchie cependant ne disparaissait pas avec le proscrit de Frosdorff. C'est l'avantage de ce régime que chaque Prince en mourant transmet à son successeur le dépôt qui lui a été confié suivant les règles immuables de l'hérédité dynastique. Mgr le Comte de Paris recueillait pieusement cet héritage sacré le 24 août 1883, et lui-même devait, quelques années plus tard, le remettre intact à Mgr le Duc d'Orléans.

Aujourd'hui les événements se précipitent, la République, poursuivant son œuvre de désagrégation, nous amène rapidement à un cataclysme épouvantable. Toutes les forces de la nation sont désorganisées, et les efforts de quelques-uns sont impuissants à mettre de l'ordre dans ce chaos. Ceux qui rêvaient d'améliorer le régime républicain commencent à comprendre l'inanité de leur tentative. Les modérés doivent céder la place aux violents, l'idée de patrie disparaît, l'armée se transforme en garde nationale, les dernières libertés sont violées, et nos budgets, mis au pillage par des politiciens sans scrupules, rendent inévitable la banqueroute prochaine.

Dans ces conditions la monarchie demeure plus que jamais la suprême réserve de la patrie. Seule, elle nous permettra de triompher de la crise terrible qui se prépare. Les vrais patriotes tournent avec confiance leurs regards vers l'héritier du trône de France. Mgr le Duc d'Orléans, continuant la politique généreuse de Mgr le Comte de Chambord, saura répondre à leur attente. S'inspirant des idées et du programme du royal exilé dont nous avons essayé d'exquisser une silhouette imparfaite, il reprend pour son compte la belle maxime dont Mgr le Comte de Chambord avait fait la devise de son existence : « On peut abdiquer un droit, on n'abdique pas un devoir. »

La Chapelle-Montligeon (Orne). — Imprimerie de N.-D. de Montligeon.